死ぬまで仕事に困らないために20代で出逢っておきたい100の言葉

The hundred words

千田琢哉
Senda Takuya

かんき出版

言葉

Prologue

人生は、
出逢った言葉の
質と量で決まる！

これがコンサルタントとして、三、三〇〇人のエグゼクティブと一万人のビジネスパーソンにインタビューをして、私が下した結論である。

特に二〇代の時期というのは重要だ。

あなたのまわりにいる人たちを、よく観察してほしい。

自分が、将来こんな人になりたい、と思う人が幸運なことに近くにいたら、その人が発している言葉に注目してほしい。

逆に、将来こんな人には絶対なりたくないな、と思っている人がどんな言葉を発しているかに注目してほしい。

気がついたかもしれない。

そう、人間は、自分が発している言葉どおりの人生を歩んでいるのだ。

だから、あなたが今二〇代で、これから素晴らしい人生を歩んでいきたいと、心の底から思っているのならば、良い言葉との出逢いを増やしてほしいのだ。

二〇代でやっておくべき、たった一つのことを挙げろと言われたら、私はこう言うだろう。

「とにかく、たくさんの良い言葉のシャワーを浴びておくことだ」と。

言葉のシャワーを浴びる方法は二つある。

一つは人と会うこと。

もう一つは読書だ。

しかし、人と会うといっても、相手の都合もあって、必ずしも希望どおり会ってもらえるとは限らない。

場合によっては拒絶されることもある。

ところが書籍の場合はいつでもどこでも手軽に入手できる。

どんなに過去の偉人であっても、どんな成功者であっても、手軽に書店やインターネットで取り寄せて読むことができる。

しかも、何といっても書籍は安い。

著者が命を削りながら歩んできた、人生のエッセンスを公開してくれていることを考えれば、安過ぎると言わざるを得ない。

このわずかな金額で手に入る書籍は、毎年おびただしい数が世に出ている。

これまでに刊行された途方もない数の書籍を紐解けば、あなたの悩みなど、過去に必ず誰かが経験しているはずだし、これからあなたの身にふりかかるだろう困難な壁の突破方法も、すでに語り尽くされているに違いない。

私自身の話をすると、私は大学時代に四年間で一万冊の書籍を読んだ。

しかし当時は、その一万冊の書籍に書いてあることは、所詮机上の空論だと割り切っていたつもりだった。

だが、好奇心から自分の仕事を通して、本に書いてあったことを試したくなった。

三、三〇〇人のエグゼクティブと一万人のビジネスパーソンと対話して驚いた。

ほとんどすべてにおいて、書籍に書いてあったことと同じことが、実社会で起きていたのだ。

私自身の経験を振り返ってもまったく同じことがいえる。
あらかじめ読書しておいたおかげで、どんな壁にぶち当たっても、すべてが〝想定済み〟のこととして、楽しみながら乗り越えることができたのだ。

本書では二〇代のうちに、出逢っておきたい言葉のシャワーを厳選した。
今まで読んだすべての書籍と、今まで出逢ったすべての人たちから、私が教えられ気づかされたことばかりである。

この一〇〇の言葉で十分だと言うつもりは毛頭ない。
この一〇〇の言葉をきっかけにして、より多くの言葉のシャワーに出逢って欲しい。

二〇一一年三月吉日　南青山の書斎から　千田琢哉

目次

CONTENTS

CHAPTER 01 LIFE

人生

WORK CHAPTER 02

仕事

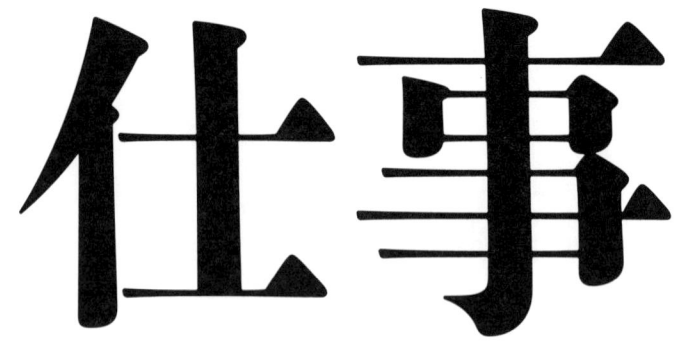

CHAPTER 03 TIME

時間

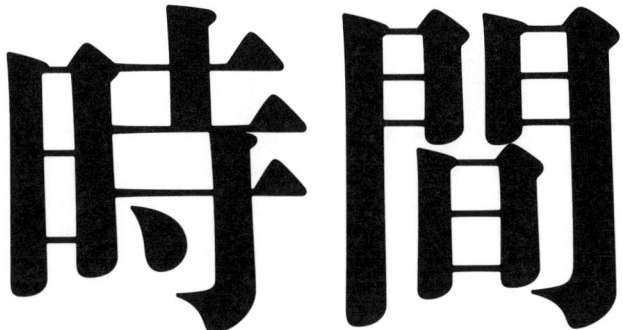

TEAM CHAPTER 04

組織

CHAPTER 05 STUDY

勉強

INFORMATION CHAPTER 06

情報

CHAPTER 07 NEGOTIATE

交渉

FRIENDSHIP CHAPTER 08

友情

CHAPTER 09 LOVE

恋愛

DECISION CHAPTER 10

決断

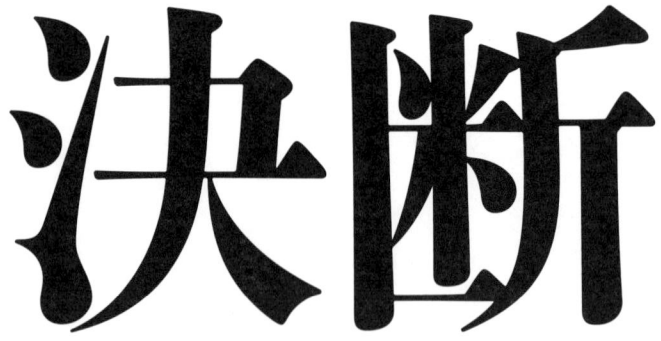

100 words

for your life

CHAPTER 01

人生
LIFE

001-010

100 words

人生に不運はない。

確かに短期的に幸運に見えたり、不運に見えたりすることはあるだろう。

その場限りの感情で一喜一憂する気持ちもよくわかる。

でも一〇年経てば、その短期的な判断はすべて誤りであったことがわかる。

今、目の前で起こった幸運や不運は人生における単なる断片でしかない。

仮に人生を八〇年とすれば、約三万日。

一日を一ピースとすれば、人生は三万ピースの超巨大ジグソーパズル。

人生という広大なジグソーパズルを完成させるためには、明るいピースが必要なのと同様に、暗いピースも必要だ。

それは美しい絵画が光だけでなく、陰もなければ映えないのと同じこと。

すべての広大なジグソーパズルは、藝術的な一枚の絵画であり、世界的な名作に匹敵する物語だ。

幸運を享受するのと同じくらいの感謝を持って、不運を享受しなければならない。

長期的に見れば、すべての人生は幸運の三万ピースの絵画になるようにできているのだから。

I

100 words

ひょっとして今の仕事は自分に向いていないのかも？
とクヨクヨしているキミへ。

自信があるヤツより、
イッちゃってるヤツのほうが強い。

人間はみんな弱い。

自信のある人間ほど弱い。

自信というのは想像以上に脆《もろ》い。

自分より圧倒的な実力者の前で、自信は一瞬で崩壊する。

完膚《かんぷ》なきまでに打ちのめされて再起不能になる。

だから自信のある人間は要注意だ。

それに対して、完全に勘違いしている人間は強い。

どんな実力者に出逢っても、動揺しないほど勘違いを続けられるのであれば、それは本物だ。

「若い私がバカでした。勘違いしていました」、なんて死んでも口にするな。


自信をつけなくてはならないとがんばるよりも、圧倒的勘違いをするほうがうまくいく。

2

100 words

誰も認めてくれないからといって、
ふて腐れているキミへ。

周囲から認められる前に、自分で自分を認めてあげる。

成功者たちにインタビューしていて、共通していた驚くべきある事実がある。

それは、周囲からその成功者が「すばらしい」と認められる前から、成功者たちは自分で自分を「すばらしい」と認めていた、ということである。

つまり、世間で騒がれる前からすでに自分という人間がすばらしい人間であることを、自分が知っていたということだ。

これは笑いごとではない。

成功はすでに自分が自分を認めているところから、スタートしているのだから。


どんなにたくさんの人から認められても、自分で自分を認めてあげられないのは不幸。

3

100 words

「時期尚早」「もう少しよく練ってから」が
口癖になっているキミへ。

九九%の人は、準備だけで人生を終えてしまう。

準備は大切だ。

仕事は準備で半分以上決まるというのは本当の話だ。

ところが準備が大切なあまりに、圧倒的多数の人たちは準備だけで人生を終えてしまう。

サラリーマンの多くが、年がら年中「独立準備中」だ。

準備というのは本番があっての準備である。

過剰な準備というのは単なる現実逃避に過ぎない。

本番はリスクが伴うし失敗したら傷つく。

模擬試験で全国一位を獲得したにもかかわらず、受験本番で失敗するほど無意味なことはない。


準備不足で失敗するのではなくて、準備ばかりして挑戦しないから何も成し遂げられない。

4

100 words

迷った際にはいつでも「いったいどちらが正解か」と
考え込んでしまうキミへ。

親や学校の先生が、反対するほうを選んでおけば、たいてい間違いない。

決められないときは、二つの選択肢で迷っていることが多い。

A「親や学校の先生が賛成してくれそうな選択肢」と

B「親や学校の先生が反対しそうな選択肢」のいずれかだ。

大半の人たちは、このAとBの間をウロウロしながら人生の大半の時間を費やしてしまう。

グズグズしながら膨大な時間を無駄にして、ようやく決めたかと思うと、結局Aを選んで他人の目を気にする人生で終えていく。

どうせ迷うのだったら、Bを選ぶと決めておけば天国なのに。

それが正解かどうかよりも、本当に自分が好きなほうを選んだかどうかのほうが大切。

5

100 words

「いったいどんな人と付き合えば幸せになれるの？」

と迷っているキミへ。

「みんな一緒ですよ」と言う人には、近づかない。

人から悩み相談を受けた際に、「みんな一緒ですよ」とまとめてしまう人がいる。

占い師だろうと営業マンだろうとコンサルタントだろうと、このセリフを口にする人に仕事のできる人は一人もいなかった。

悩み相談にやってきた人の気持ちがわかっていないからだ。

悩み相談にやってきた人たちの本心は、「自分が特別であることを認めてほしい」ということに他ならない。

あらゆるビジネスは、お客様の特別感を満たしてあげることである。

人生のすべては、あなたにとって特別な人に特別なことをしてあげるために存在する。

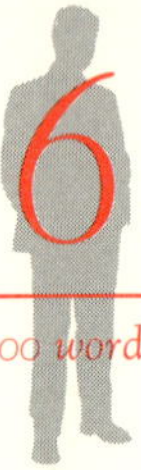

6

100 words

自分の噂話が気になってしかたがないと
クヨクヨ悩んでいるキミへ。

理不尽な噂を立てられたら、あなたはまもなく成功する。

世の中の九九％の人は、他人の噂だけで人生を終えていく。

これは、紀元前から今日まで何ら変わっていない世界共通の人類の特性だ。

だから噂は立てられて当たり前だと知っておくことが、まず大切なことだ。

次に噂というのは、一％の挑戦者に向けてしか発せられないという事実である。

考えてみれば当たり前の話で、**噂をして面白いのは、高い位置に抜きん出ようとしている人を、自分たちと同じ位置まで足を引っ張って下げることなのだから。**


噂のベクトルはいつも下にいるグループから上にいるグループに向かって発信されている。

7

100 words

いつも人脈づくりに励んでいるけど
思うように成果がでないと悩んでいるキミへ。

「ごめんなさい」の回数と、その人の人脈は比例する。

「ありがとう」運動というのが流行った時期がある。

もちろん、「ありがとう」をたくさん口にすることはすばらしいことだ。

でも、「ありがとう」より難易度が高くて、より成功者たちが頻繁に使っているセリフがある。それが「ごめんなさい」である。

「ごめんなさい」の中には、必ず「ありがとう」の意味が込められている。

「ありがとう」以上に「ごめんなさい」を口にすることによって、あなたの人脈は一年後にガラリと変わっている。


たいていの逆境は「ごめんなさい」のひとことを言うタイミングを逃したことが原因。

8

100 words

日曜日の晩になるといつも
憂鬱《ゆううつ》になってしまうキミへ。

毎日が〝夏休み〟のような人生を、創っていこう。

自分で自分の人生を歩めるようになると、毎日が〝夏休み〟のような人生になる。

毎週日曜日の晩に「サザエさん」を観ると、憂鬱《ゆううつ》になる人生を送ってきたあなたには、ちょっと想像しにくいかもしれない。

でも三〇代以降になって、毎日が〝夏休み〟のような人生を送っている人は確実にいる。

彼ら彼女らは自分にとって本当の幸せとは何かを、二〇代のうちに試行錯誤しながら考えていたのだ。

そして何よりも行動し、継続した結果なのだ。

毎週日曜日の晩に「サザエさん」を観るのが待ち遠しくて心底楽しめたら勝ち組の人生。

9

100 words

自分は運が悪いから何をやっても
ダメだと諦めているキミへ。

おみくじで凶が出たら、チャンス。

おみくじで大吉よりも、はるかに価値があるのが凶だ。

おみくじで大吉が出ると喜んでいる人がいるが、大吉というのは確率的に高く入れてあるからたいしたことはない。

どんなおみくじでも、**大吉より低い確率でしか入っていない、凶を引いた人こそが本物の幸運の持ち主である。**

世間にジンクスがあるのであれば、あえてそれに逆らってみるくらいでちょうどいい。

大吉を引いた凡人より、凶を引いたにもかかわらず成功した人がかっこいい。


おみくじは何を引いたかより、引いた人の解釈の仕方こそが大切なのだ。

10

100 words

人生で一番怖いことは顰蹙を買うことだと
思い込んでいるキミへ。

周囲の顰蹙《ひんしゅく》を買ったら、
チャンス。

顰蹙を買うのは、みんな怖い。

いかにして顰蹙を買わなくてもいいか、二四時間三六五日、ただそれだけに気を遣って生きているのが現代人だ。

もちろん最低限のマナーは守るべきだ。

その上で、自分としてはいたって真面目にやったにもかかわらず、周囲の顰蹙を買ってしまった場合は喜んでいい。

なぜなら偉人伝に出てくる主人公たちの共通点は、名もなく貧しい頃には、必ず顰蹙を買っていたからだ。

顰蹙を買うのは成功の必要条件である。


昔ながらの古い価値観やしきたりにとらわれていては、顰蹙など買うことはできない。

仕事

仕事

WORK

CHAPTER

02

011-020

100 words

仕事とは本当に不思議なものだ。

まったく同じ仕事をしていても、至福の瞬間のような表情でイキイキしている人と、苦痛に満ちた表情でイヤイヤしている人がいる。

仕事とはいったい何なのだろう。

よく考えてみたら、この世の中に面白い仕事なんてないことに気づかされる。

同時に、つまらない仕事などというものもないことに気づかされる。

絶対的に「面白い仕事」と「面白くない仕事」というのが存在するわけではなくて、「面白そうに仕事をする人」と「つまらなそうに仕事をする人」がいるだけなのだ。

面白い仕事は最初から存在するものではなく、人が創り出すものだ。

とんでもなく退屈そうに見える不人気の仕事を、感動で涙が溢れるような仕事にすることが人間の仕事だ。

子どもの頃、どうしてあんなに何でもないことで、笑い転げることができたのだろう。

子どもの頃、どうしてあんなに単純なことを飽きもせずに、延々と繰り返すことができたのだろう。

子どもにできて、大人にできないはずがない。

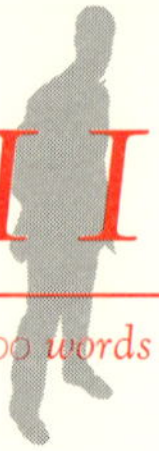

11

100 words

本当は企画をやりたいのに
いつまで雑用をやらせるんだ、と憤っているキミへ。

雑用から逃げると、
死ぬまで雑用させられる。

雑用の法則がある。

それはあなたが嫌だからといって雑用から逃げ続けると、一生その雑用に追われ続けることになるというものだ。

残念ながら、これには例外がない。

コピー取りから逃げ続けて、ラッキーということはない。

会議の準備をすることから逃げて、ラッキーということもない。

逃げた雑用は、あの手この手で必ず時差を経て自分の身に降りかかってくる。

雑用から逃れる方法はたった一つだ。

二〇代のうちに、雑用から逃げないことだ。

雑用を雑用と感じなくなったとき、それはあなたが雑用から卒業するときだ。

12

100 words

雑用ではなく、もっと付加価値のあるスキルを
身につけたいと思っているキミへ。

雑用こそ、藝術的に仕上げる。

三〇代で大型プロジェクトや第一線で活躍したいのであれば、与えられた雑用ほど自分のこだわりを持つべきだ。

誰もが軽く見がちで手を抜く雑用だからこそ、思い切り差をつけることができるのだ。

すべての雑用を藝術的に仕上げよう。

別に署名を入れているわけでもないのに、誰がこの雑用をやったのかがわかるようにしよう。

きっとそのレベルに達したあなたは、「こいつに雑用させておくのはもったいない」と思われるに違いない。

雑用から確実に卒業するためには、雑用においては社内で圧倒的にNo.1になること。

13

100 words

自分が楽しくないのは今の職場のせいだと
思い込んでいるキミへ。

最悪の職場から、
将来のヒーローが生まれる。

あなたは「今の職場は最悪ですよ」「上司がバカでやっていられない」と愚痴を言う。
何をバカなことを言っているのかと問いたい。
将来のスーパースターは、最悪の職場から生まれることが多いのだ。
子どもの頃に読んだ偉人伝を思い出してみよう。
歴史を変えるようなヒーローたちは、揃いも揃って最悪の環境から生まれていた。
最悪の環境は、天才を生み出すためには最高の環境なのだ。
最悪の環境で育った人間が、将来最高の環境を創るのだ。

天才というのは、最高の環境からと最悪の環境からしか生まれないようにできている。

14

100 words

連日残業でアフター・ファイブなんて
夢のまた夢の話と嘆くキミへ。

残業人間に、
仕事ができる人はいない。

連日残業で目が落ちくぼみ、悲壮感が漂っている人がいる。

もし将来あなたが成功したいのなら、残業人間だけにはならないように注意することだ。

残業尽くしで人生を終える人で、幸せになった人は一人もいない。

残業というのは、その昔リストラ防止のために忙しいふりをするには好都合だったかもしれないが、時代は変わった。

成功者たちはみんな知っているけど、誰も口にしなかった事実を公開しよう。


労働時間の長さと年収は反比例する。

あなたがのんびり残業している間にも、市場は確実に動いて変化し続けている。

15

100 words

やっぱり花形の仕事といえば企画しかないと
思い込んでいるキミへ。

「企画部でなければイヤだ」という人は、企画に向いていない。

希望部署を聞かれた際、あなたは「企画がやりたい」と言う。

そういう人が企画部に配属されることはない。

この世に「企画」という名前の仕事が存在するわけではなく、退屈極まりなくて多くの人たちが敬遠するようなことを、楽しくしていくことが企画の仕事だからだ。

だから企画に向いている人というのは、わざわざ自ら「企画がやりたいです」なんて言わない。

それでは企画に向いていないことを、自ら証明しているようなものだからだ。


企画の天才たちの共通点は、企画部出身者ではないということだ。

16

100 words

あの先輩のようにスマートに仕事をしたいと
ずっと憧れているだけのキミへ。

量をこなして、はじめて手の抜きかたが見えてくる。

仕事のできる人というのは、ポイントを押さえている人だ。

換言すれば、ポイントを押さえている人というのは、手の抜きかたを知っているということである。

どんな仕事であれ一〇〇時間かけたうちの五時間や一〇時間くらいしか、本当の核心部分に触れるような仕事はしていない。

だから仕事のできる人は、とてつもない短時間で驚くべき成果を挙げることができるのだ。

なぜなら圧倒的な量をこなすことによって、手の抜き方を習得したのだから。

量をこなさないで手抜きをしているのは、単にサボっているだけのリストラ候補。

17

100 words

入社前（理想）と入社後（現実）の仕事のギャップに
落ち込んでいるキミへ。

楽しい仕事はない。
楽しそうに
仕事をしている人はいる。

できる人は、みんな楽しそうに仕事をしている。

仕事ができない人に限って、眉間にしわを寄せながらいつも忙しそうにふるまっている。

不思議なことに、やっている仕事は同じでもやっている人の表情が違うのだ。

楽譜が同じなのにそれを奏でる人の表情と腕前が違うように、仕事が同じでもそこに吹き込まれる魂には雲泥の差がある。

世の中に楽しい仕事というのが存在するわけではない。

楽しそうに仕事をしている人がいるだけだ。


退屈極まりない社内のルーティンワークを、イキイキこなせる人が仕事のできる人。

18

100 words

入社してから人生のすべてを仕事に注いできたのに
からきし評価されないキミへ。

サボらないと、
いい仕事はできない。

「サボることはいけないことです」と学校の先生や両親から教わった。

会社に入って外回り営業の仕事をしていても、サボることはタブーである。

ところが、あまり大きな声では言えないが、できる人たちというのは揃いも揃ってよくサボっていた。

正確に表現すると、まずポイントを押さえるための作業の下ごしらえに大半の時間とエネルギーを割いていた。

一〇〇時間与えられたら、最低九〇時間は下ごしらえする。

一〇時間で一気に攻める。


仮にサボっても、誰にも文句を言われないようなポジションを構築すると天国だ。

19

100 words

プロジェクトはコンテンツがすべてであると
連日企画書ばかり書いているキミへ。

何をするかより、誰とするか。

プロジェクトの成功の秘訣は、たった一つである。

何をするかではなく、誰とするかでプロジェクトの成否が決まるということだ。

世の中のビジネスパーソンたちは、企画の内容ばかりを必死に磨き上げようとする。

しかし、費用を負担するクライアント側としては、企画の内容より**目の前の企画を実行してくれるパートナーが、どんな人たちなのかのほうがはるかに気になる。**

楽譜は何でもいい。その楽譜を演奏するのはいったい誰なのか、である。

「あなたとやって失敗したなら仕方がない」と思われることがプロとしてのスタートライン。

20

100 words

将来プロジェクトリーダーになるために
ＭＢＡの勉強に没頭しているキミへ。

電話の伝言の達人が、
大型プロジェクトの
リーダーになる。

電話の伝言の腕前を見れば、その人が将来どんな人物になるのかが一瞬でわかる。

電話の伝言ほど、頭脳と体力を総動員しなければならない仕事はない。

まずポイントをわかりやすく選択する力が問われる。

何を捨てて何を残すのかは戦略立案能力そのものだ。

続いてどんな表現なら相手に一番伝わるかの文章力。

そして何よりも、電話に出るためには、常に職場で一番に受話器に手を触れなくてはならない。テレクラ並みの瞬発力が求められる。


プロジェクトの結果は、プロジェクトをやる前からすでに決まっている。

CHAPTER 03

時間

TIME

021-030

100 words

あなたは、この世で最も不幸な人生は何だと考えるだろう。

嫌いなことで成功してしまう人生ほど、不幸なことはない。

想像してみて欲しい。

本当は嫌いなことにもかかわらず、周囲に評価されるからという理由で、すべての好きなことを我慢してがんばってしまった。

何かの間違いで、それで成功してしまったとしたらどうだろう。下手をすれば、生涯にわたってその嫌いなことで、人生を埋め尽くしていかなくてはならない。

来る日も来る日もその嫌いなことを毎日消化し続けるだけで人生が過ぎていく。

これほど不幸な人生があるだろうか。

仮にお金も地位も名誉も手に入れたとしても、死に際にはこう言うに違いない。

「一つくらい好きなことをやってみたかった」と。

人は嫌いなことで成功して地獄の時間を過ごすためではなく、好きなことをして天国の時間を過ごすために生まれてきた。

死んでから天国と地獄があるのではない。

生きている時間そのものが、天国か地獄のいずれかなのだ。

21

100 words

5分遅刻くらいでうるさいことを言うヤツとは
付き合えないと思っているキミへ。

"Time is life."
遅刻は、殺人と同罪。

「Time is money.」という表現は間違っている。

これでは時間とお金が等価になってしまうからだ。

人間にとって、時間とお金が同じくらいの価値であるはずがない。

古今東西問わず、富も名誉もすべてを手に入れた大富豪たちが最後に望むものは不老不死だ。

つまり永遠の命である時間に他ならない。

そのくらいに時間は尊い。

遅刻するというのは、待っていた人たちすべての命を奪ったということだ。つまり殺人と同じになる。


お金よりも時間のほうが大切だとわかった瞬間から、成功への第一歩がはじまっている。

22

100 words

人付き合いがたいへんでなかなか
自分の時間が確保できないと悩んでいるキミへ。

群れから脱出すると、時間が増える。

時間を生み出す方法はいたってシンプルだ。

集団で行動しないだけで、時間はとてつもなく増える。

集団で行動するデメリットは数え切れないほどある。

集団で行動すると、その中で一番遅い人に合わせなければならなくなる。

五人で行動すると、真ん中の三番目の人に合わせるのではなく、全員が五番目の人に合わせなければならない。

こうしてそのグループ全体が、五番目の人と同じレベルになっていくのだ。

時間持ちの人はいつも単独行動である。


意識的に単独行動するようにすると、時間が増えて素敵な出逢いも増える。

23

100 words

ゆったりと優雅に生きている人と
いつも忙しい自分との違いがわからないキミへ。

愚痴をやめると、時間が増える。

あなたが愚痴を発するためには、必ず愚痴を聴いてくれる人が必要になる。

つまり愚痴を発する人と、愚痴を聴く側は必ずワンセットなのだ。

愚痴を発した人だけでなく聴いてあげた人もどちらがどうということはなく、まったくの同類だ。

そして愚痴を発する側と愚痴を聴く側は、人生のすべての時間をこれだけで埋め尽くして終えていく。

愚痴を発しない、聴かないと決めるだけで膨大な自由時間がプレゼントされることをお約束する。

時間を増やす方法は何か新しいことをするのではなく、不要なことをやめてしまうこと。

24

100 words

気がついたらいつも人生の第1志望を
逃し続けてきたキミへ。

二番目に好きな人と過ごす時間は無駄。

一番目に好きな人と一番やりたいことをやっていれば、それが最高の時間の使い方だ。

いったい自分は、どれほど時間の無駄遣いをしているかに気づかされる。

二番目に好きな人と、二番目にやりたいことをやっている暇があるならば、一人で自分を磨いて、一番目に好きな人と会うための準備をしていたほうがはるかに有意義な人生だとは思わないだろうか。

そんなの理想だと思うかもしれない。

ハッキリしているのは、人生は一度きりだということだ。


人生で最も面倒なのは、二番目から一〇〇番目に好きな人たちとの付き合い方だ。

25

100 words

成功者と友だちになるには成功して
お金持ちになる必要があると考えるキミへ。

時間感覚の同じ人間同士が、階層をつくっている。

世の中は、経済力でピラミッドを構成していると主張する人がいる。

あるいは、社会的地位でピラミッドを構成していると主張する人もいる。

それらの主張はすべて正しい。

しかし、ピラミッドを構成しているベースとなる本質は、経済力でも社会的地位でもない。時間感覚だ。

時間感覚が鋭い人はピラミッドの頂点に向かい、**時間感覚の鈍い人はピラミッドの底辺に向かう。**

その結果として、経済力や社会的地位が顕在化しているだけの話なのだ。


二一世紀はお金持ちよりも時間持ちのほうが、尊敬の対象になる。

26

100 words

自分に与えられた時間が1日に24時間では足りない
と思っているキミへ。

時間は、不公平。

世の中で、とても不公平なことがある。

それは、時間が誰にとっても一日二四時間与えられているということだ。

これほど不公平なことはない。

ビル・ゲイツもスティーブ・ジョブズもイチローもタイガー・ウッズも、そしてあなたにも与えられた時間は一日二四時間。

歴史に名を残した天才ダヴィンチもピカソもベートーベンもショパンも、一日二四時間だった。

天才だからといって、ピカソだけに一日二四万時間与えられていたということはない。

申し訳ない。


一万円をいただく以上に、一秒いただけることに感謝しよう。

27

100 words

いつも一流ブランド品をプレゼントし続けてきたから
と安心しきっているキミへ。

時間のプレゼントが、
プレゼントの頂点。

最高のプレゼントは、お金でもなければ高価な宝石でもない。

時間をプレゼントすることだ。

時間のプレゼントというのは、あなたの命のお裾分けだ。

本当に大切な人には物をプレゼントする以上に、会ってゆっくり話をする時間をプレゼントすることだ。

仕事で忙しいからといって、時間をプレゼントすることから逃げてはならない。

大切な人に時間のお裾分けをすること以上に、優先したい仕事があるとしたら、それこそ命の無駄遣いなのだ。


プレゼントなんてなくていい。会って話す時間を捻出することに勝るプレゼントはない。

28

100 words

いいものを仕上げるためには
多少の遅刻はやむを得ないと思っているキミへ。

一〇〇点目指して期限切れより、〇点でもいいから前日に提出。

人生における絶対のルールとして、遅刻したらすべてがゲームオーバーというのがある。成功したいのであれば、遅刻をしないだけでいい。

一〇〇点満点の実力がありながら、約束の期日にオーバーした人と〇点の実力でも期日に間に合わせた人とでは、後者の圧勝だ。

期限オーバーというのはそのくらい罪が重いし無価値なのだ。

ハンマー投げも槍投げも走り幅跳びも、つま先が踏み切りラインをわずかでもオーバーしたら、どんな記録を出しても即無効だ。


期限切れよりもできの悪い仕事は、この世に存在しない。

29

100 words

夢を実現させるためになら
どんな忙しさにだって耐えることができるキミへ。

忙しい人は、
夢が実現しない。

手帳をこれ見よがしに、「今日は終日ビッシリ会議が入っていて俺はこんなに忙しい」と自慢する人がいる。

サラリーマン人生を歩む間に、知らず知らずのうちにあなたもこうならないよう注意が必要である。

なぜなら本当に忙しい人で夢を実現させて幸せな人生を送っている人は、この世に一人もいないからである。

人も会社も忙しくて緊迫した時間を経ると、まもなく急激に衰退していくのには例外がない。太く短いのはすべてに共通だ。

「忙しい」が口癖の人にお金持ちはいない。本物のお金持ちはみんな時間を持て余している。

30

100 words

やりたいことがたくさんあり過ぎていつも迷うことで
1日が終わるキミへ。

何をするかより、何をしないか。

人生という限られた時間をより有意義に過ごすためには、あれもこれも手を出して、すべてを中途半端に終わらせないことだ。

一部の天才を除いて、人は同時に二つ以上のことに本気で打ち込むことはできない。

今まさにやっていることが最重要かつ緊急であれば、それ以外のすべてをいっさい気にする必要はない。

重要であっても緊急でないこと、急いではいるものの重要ではないもの、重要でも緊急でもないものには目もくれないことだ。

何かしていなくては不安になる人は、勇気がない人。何もしなくても楽しめるのが、真の豊かさ。

組

CHAPTER

組織 TEAM 04

031-040

100 words

織

どんな組織においても、二通りの人間しかいない。

プロフェッショナルとアマチュアだ。

セミプロなどというものは、この世に存在しない。

セミプロは、アマチュアより質の悪いアマチュアである。

組織におけるプロフェッショナルとアマチュアの比率も常に同じだ。

プロフェッショナルが二に対して、アマチュアが八なのだ。

八割のアマチュアは、常に二割のプロフェッショナルたちに飯を食べさせてもらっている。そしてアマチュアの家族は、本当は二割のプロフェッショナルたちに間接的に養ってもらっている。

プロフェッショナルとアマチュアの決定的な違いは何か。

役職でもなければ労働時間の長さでもない。

すべてにおいて呆れるほどに当事者意識を持っているか否か、である。

プロフェッショナルが新入社員の中にだっていることはあるし、アマチュアが四〇代や五〇代の社員の中にだっていることもある。

当事者意識を持っていると、超短時間でものごとの本質に迫ることができる。

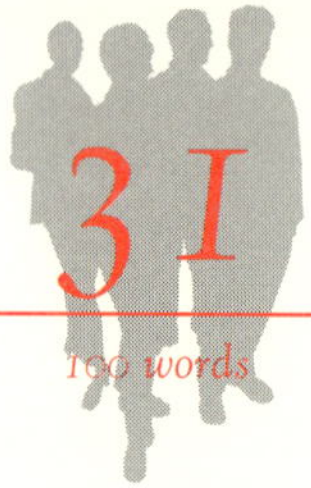

31

100 words

自分には人を見る目がないのではないかと
不安に感じているキミへ。

入社時に
やたら威勢のいい社員は、
二年以内に辞める。

数多くのクライアントと自分の属してきた会社を見てきて、ひとつハッキリとしていることがある。

やたら威勢のいい新入社員は、入社二年以内に辞めていくということだ。

体育会系で期待の新人と噂されたのも束の間、威勢のよさは単にモノ憶えの悪さや臆病者の裏返しに過ぎなかったことが判明する。

人が面接時や第一印象に見せる姿は、本来の自分とは逆を演じて評価されたがるものだ。

バカに限って利口に見せ、臆病者は勇敢に見られたがる。


初対面の印象の反対が、人の本質であるという仮説は八割当たる。

32

100 words

上司が石頭でとても一緒に仕事をやっていられないと
愚痴っているキミへ。

上司をお得意様と考えると、
毎日が変わる。

あなたの会社に上司がいなくなれば何と気持ちが楽になるだろうか、と想像したことは誰でも一度はあるだろう。

ところが組織である限り、上司がいなくなることはない。

そこで考え方を変えよう。

上司をあなたにとって一番のお得意様と考える。

そうすると多少理不尽なことを言われても気にならない。お得意様なのだから、どんなことでも快く先読みしてサービスすべきだ。

上司が一番わがままで身勝手なほど、最高の訓練を受けていると考えよう。


現実を変えることはできないが、現実の見方を変えることは一瞬で可能。

33

100 words

「出世するよりは好きなことをやりたい」が
口癖になっているキミへ。

出世を否定した時点で、お荷物社員コースまっしぐら。

組織で働く以上、出世を否定してはならない。

冗談でも「出世なんて気にしない」などと口にしてはならない。

どんなに仕事ができた人でも、そうしたセリフを吐いていた人で出世した人はいない。

仮に本気で出世などしたくないと思っていたとしても、そんな人材は格好のリストラ候補になる。

たちまちお荷物社員となって、周囲に疎んじられる負け犬人生だ。

出世した人間だけが知っている真実をこっそり教えよう。

出世するとパラダイスである。

好きなことを好きなだけやるためには、出世してしまうのが一番の早道。

34

100 words

実力が不足しているのはわかっているが、
それでも出世したいという正直なキミへ。

自分に実力がないのなら、陰口だけは言わないと決める。

組織というピラミッドに上り詰めていくためには、仕事ができなければならないと思い込まれている。

実際に仕事ができるのは大切な条件ではある。

ところが組織の中で重役のポストは一つではない。

それこそべらぼうに仕事ができる人材は、一人いれば十分なのだ。

他のポストというのは人格でのし上がることができる。

人格とは何か。陰口を言わないことである。

いかなることがあっても、陰口を言わないだけで出世できる可能性がある。


陰口を言わないと決めれば、それだけで上位五%に入ることができる。

35

100 words

仕事は助け合いなんだから
どんどん手伝ってあげるべきだと主張するキミへ。

のろい人の仕事を手伝うと、のろい人はいずれリストラになる。

あなたがよかれと思って、仕事がのろい同僚をこれ見よがしに手伝ってあげたとする。

まもなくのろい同僚は左遷されるかリストラされる。

それはのろい人の責任ではない。あなたの責任なのだ。

あなたは「自分はいいことをしてあげたのに、いったい私の何がいけないのか」と反論するに違いない。

あなたが手伝わなければ、その人はのろいことがばれなかったかもしれない。

無意識の罪の重さを知ろう。いずれ自分も同じことをされる。


本当は自分の力を誇示するために、他人をダシに使っていることはないだろうか。

36

100 words

いずれ社内でカリスマ社員となって好き放題したい
と憧れているキミへ。

**会社を脅かすほど
不遜なカリスマ社員は、
いずれ失脚する。**

不遜なカリスマ社員というのが、たいていどの組織にもいる。

そうした人材にあやかって自分も業績のお裾分けをしてもらったり、偉い人に口利きをしてもらったりしようと涙ぐましい努力をする。

ところが長い目で見たらその努力は水泡に帰す可能性が高い。

たいてい会社を脅かすほど不遜なカリスマ社員たちは、途中で失脚するからだ。

有能なだけの人材が、必ずしもそのまま出世するとは限らないのが組織の面白いところだ。


独裁政治が長く続かないことは、歴史が繰り返し教えてくれている。

37

100 words

「いい人だけど尊敬できない」と感じながら
いつもその上司と一緒にいるキミへ。

一緒にいて居心地がいい上司が、
将来のあなた。

普段一緒にいて居心地がいい上司だからといって、必ずしもその上司が尊敬の対象ではないだろう。

一緒にいて居心地がいいということは、まさに今の自分と同レベルの人間だということに他ならないからだ。

現状の自分と同じ人間は気休めにはなっても、決して憧れの対象にはならない。

三〇代になって成長して夢を実現させていきたいのであれば、多少居心地が悪くても、将来こうなりたいという上司にどんどん近づいていくことだ。

未来が変わる。

本気で成長したかったら、厳しくて居心地の悪い上司にしがみついていくことだ。

38

100 words

ここ10年居心地がいいと感じるグループの
メンバーが変わっていないキミへ。

現在群がっているグループで、あなたの一生が決まる。

現在群がっている同僚や取引先の社員たちを五人思い浮かべて、紙に書き出してみよう。

一〇年後、あなたの年収や社会的地位はちょうど五人の平均値になる。

ゾッとした人は感性のアンテナが鋭い。実はこの法則には、ほぼ例外がないのだ。

人間社会というのは、普段身につけるもの、口にするもの、住んでいる場所がすべて同レベルの人たちで群がっているのが、心地よいようにできている。

まずはあなたが抜きん出て、共に咲いていけばいいのだ。

成長するためには、あえて居心地の悪さを経験する環境に身を置くことも必要。

39

100 words

世の中は実力主義だからといって資格試験の取得に励んでいるキミへ。

力がある人間ではなく、結果を出した人間が出世する。

この世の中に実力主義というのはない。

成果主義というのはある。

いくら実力があってもそれを成果にして組織に貢献しなければ、その実力は宝の持ち腐れだ。

一〇〇の実力があって三〇の貢献をした人よりも、五〇の実力で五〇の貢献をした人のほうが尊い。

それどころか、一〇〇の実力がありながら三〇しか貢献できない人間に世間は厳しい。

あなたがどちらのタイプなのかは重要ではない。

大切なのは、成果に重点を置くということである。


発揮できない実力はもともとできないよりも、周囲の期待を裏切ったぶん罪が重い。

40

100 words

会社の看板を外したら自分の年収は３分の１になると思っているキミへ。

**どんなに粋がっても、
サラリーマンは
一〇〇％会社の看板のおかげ。**

サラリーマンである限り、忘れてはいけない事実がある。

それはどんなに仕事で成果を出しても、それは会社の看板のおかげだということだ。

これさえ忘れなければ、いつも謙虚でいられる上に出世できる可能性も飛躍的に高まる。

「会社の看板を外したら今の売上なんて三分の一になってしまうよ」という知ったかぶりの先輩サラリーマンがいる。

現実はこうだ。会社の看板を外したらすべてゼロになる。

それでも挑戦する人が独立できるのだ。


会社の看板の威力は会社を辞めて初めてわかる。サラリーマンの間は絶対にわからない。

勉

勉強

CHAPTER 05

STUDY

041-050

100 words

強

勉強ほど贅沢な娯楽はない。勉強ほど年齢に関係のないスポーツはない。

とことん集中して脳みそを使った後は、フルマラソンを走った後のように、ぐったりと疲れて昏々と熟睡できる。もし人間の脳を一〇〇%フル回転させたら、原子力発電所一つ分のエネルギーを必要とするらしい。

勉強というのは義務なんかではなく、明らかに権利であることに気づかされる。学生時代は義務教育だったが、社会人になったら権利教育なのだ。権利教育では教科も教材も無限にある。この世の中のありとあらゆるものが、教科であり教材なのだ。

権利教育では先生は自分で選んでいい。

この世の中のすべてが先生なのだ。

権利教育では締め切りなど存在しない。

すべての締め切りは自分で決めていいのだ。

権利教育に合格点は存在しない。

すべての合格点は自分で決めていいのだ。

仮に入院することになっても、「さてこれでたっぷり勉強できるな」とワクワク元気になっていくのが幸せな人生だ。

41

100 words

不器用だからと人生が嫌になって
疲れてしまっているキミへ。

遠回りの蓄積こそ、
あなたの財産。

不器用でドンくさいと言われて、落ち込んでいる人がいる。

でもそんな人に伝えておきたいことがある。

学生時代の勉強と違って、社会人の勉強はいかに遠回りをしたかが大切であるということだ。もちろん故意に失敗して、遠回りするような小細工は意味がない。

全身全霊で取り組んだ上で、いっさい言い訳できないくらいの失敗をしたという遠回りの蓄積は、三〇代以降にとてつもない武器になる。

三〇代以降のエリートは遠回りの蓄積が多い人だ。


長期的スパンで見ると、すべての遠回りは最短コースにつながっている。

42

100 words

物心ついた頃から自分は周囲とズレていたことを
気にしているキミへ。

「これを選んだ人はさすがにいないよね」という選択肢こそ大切。

学校の先生に「さすがにこれを選んだ人はいないよね」といって、そのまま解説を飛ばされるような選択肢を選ぶことは恥だった。

でもクラスに必ず、その選択肢を選んだ生徒が一人いたものだ。

社会人になってから大物になってのし上がってくるのは、たいていこのタイプの人間だ。

もちろんそのまま間違いを放置しておくだけでは、劣等生のまま人生を終えるだけだ。

一般的ではない、人とは違った視点からスタートして這い上がることが大切なのだ。


誰もが考えつかないような不正解を選んだというのは、それだけ才能がある証拠。

43

100 words

模範解答以外はすべて間違いであると
洗脳されてきたキミへ。

退屈な模範解答より、ハッとするような不正解のほうが尊い。

テレビの娯楽番組を観ていて驚かされることがある。

優等生たちが解答する正解よりも、コメディアンたちが解答する不正解のほうが面白いということだ。

社会人になったら模範解答を知っている人は、社内にいくらでもいる。

それに今は、グーグルで検索したら瞬時に正解が表示される。

誰も考えつかないハッとする不正解を答えるコメディアンたちは、退屈な模範解答を暗記している優等生たちよりも、年収が高いというのが紛れもない事実だ。

世の中に出たら退屈でつまらない解答は、どんな立派な模範解答でも不正解。

44

100 words

お金がないから本を買うことができない
というキミへ。

立ち読みで終わる人は、
傍観者で人生を終える人。

本を買うとかさばるから、自分は立ち読みですませているという人がいる。

でもそれは嘘だ。

単にお金を払うのが嫌だから、ケチって書店で長時間にわたって立ち読みですまそうとしているに過ぎない。

手に取った本すべてを、買う必要などない。

でも書店に入ったら必ずもう一度読み返したい本、しばらく傍においておきたい本と出逢うはずだ。

本を自腹で購入する人は、自分の人生を主人公として歩み、立ち読みで終わる人は、傍観者の人生を歩む。


衣食住のどれかを削れば、本代に費やすことができる。本にはそれだけの価値はある。

45

100 words

「納得できません」「根拠は何ですか」が
口癖になってしまっているキミへ。

「納得できません」が口癖の人は、必ず落ちぶれる。

人にモノを教えてもらう際に、なぜか偉そうにふんぞり返って「納得できません」と言う人がいる。

すでに「納得できません」が口癖になってしまっている人もいる。

納得できない理由は相手にあるのではない。

ひたすら自分にある。

単に、自分が納得しようとする姿勢がないから納得できないに過ぎない。

「納得できません」と言い続けると、そのうち周囲に誰も助けてあげようという人がいなくなり、孤立無援になって落ちぶれることになる。

「納得できません」と言いそうになったら、「なるほど」と言い換えてみよう。

46

100 words

自分の価値観の枠から外れることに出逢うと
怖くてしかたがないキミへ。

「それはありえない」が口癖の人は、将来リストラされる。

誰かに報告を受けると、必ず「それはありえない」と言ってしまう人がいる。

「それはありえない」は、社会人が決して口にしてはならないNGワードの一つだ。

「それはありえない」と言い続けることによって、誰もあなたに報告してくれる人がいなくなってしまう。

「それはありえない」と口にすることによって素直さが消えていき、性格まで変わっていく。

どんなに自分の常識では考えられないことでも「なるほど」と、いったんは受容しよう。


ありえないかどうかは、実際に自分の目で確かめてから判断しても遅くない。

常に何か資格試験の勉強をしていないと
落ち着かないというキミへ。

資格試験を目指しているだけで、自己陶酔しない。

資格を目指しているというだけで、自分はちょっと偉いとウットリしている人がいる。

資格を目指していること自体は、偉くもなんともない。

ごく普通のことであってニュートラルだ。

資格を目指してがんばっているのだから、自分は早く帰って当たり前だろうと傲慢になっている人がいる。

約束の仕事が終わっていなければ、同僚とまったく同じように残業してでも仕上げるべきだ。

逃げの口実に資格試験を使っては、資格試験に申し訳ない。

資格試験を目指していることそれ自体は、プラスでもなければマイナスでもない。

今さら勉強といわれても面倒だと
思ってしまうキミへ。

隠れてコソコソやってしまうのが、
大人の勉強。

嫌いなことを強制的にやらされるのは、義務教育で終わった。

学生時代はテスト前で勉強しなければならない夜に限って、普段しない机の周囲の整理整頓を始めたり、漫画を全巻読破したりしてしまった。

それは好きでもないことを無理にやろうとしていたからだ。

社会人の勉強はそれとは対極だ。

テスト前に現実逃避して、隠れてコソコソやってしまっていたことに、好きなだけ打ち込んでいいのだ。

人生は、嫌なことをダラダラやっているほど長くはない。


大人の勉強は悲壮感が漂った時点で偽物。悲壮感が漂うのは子どもの勉強。

49

100 words

勉強といってもいったい何をどのように
手をつけたらいいのか躊躇《ちゅうちょ》するキミへ。

一年で一テーマ、四〇年で四〇テーマの勉強ができる。

社会人になったら一年に一テーマ、自分で好きな分野を決めて勉強していくのがいい。

勉強というと数学や歴史といったものを連想しがちだが、そんな狭い分野の話をしているのではない。

「島耕作シリーズ」全巻読破でもいいし、お料理教室に通うのでもネイルサロン三昧の一年でもいい。

定年まで約四〇年としても四〇テーマを「やるだけやった」と思えるだけで随分人生も充実するはずだし、途中経過で必ず仕事にも活かすことができる。


一年単位でゆったりと構えていれば、たいていのことはひと通り学べる。

50

100 words

独学で習得できるものなんて知れている
のではないかとバカにしているキミへ。

締め切りも合格点も、
すべては自分で決める。

社会人の勉強の締め切りと合格点は、すべて自分で決めなければならない。

これは一見すると、すごく楽チンに思える。

ところが本当に好きなことをとことん極めようと思ったら、締め切りも合格点もとても厳しくなることに気づかされる。

換言すれば、自分で決めた締め切りや合格点が、学校で与えられたそれらよりも緩くなってダラダラしているようでは、たいして好きなことをやっていないということだ。

人は本当に好きなことに対して厳しい。


他人に決められることなど一つもない。好きなときに始めて好きなときにやめていい。

情

情報

INFORMATION

CHAPTER

06

051-060

100 words

報

まもなく、これまでの大学受験が大きく変わるだろう。

今まで必死になって英単語や歴史の年号を暗記していた。

ところが、インターネットの発達によって情報は瞬時に、しかも極めて正確に手元に届くようになった。

どんなに記憶力の達人でも、CD-ROM一枚に太刀打ちできない。

どんなに博識な秀才でもグーグルに太刀打ちできない。

これからは「いくらでも検索エンジンでカンニングし放題」という条件で、入試を実施しなければ、現実社会に即した人材を輩出することなどできない。

カンニングは悪であるという価値観がすでに過去のものとなるだろう。

二〇世紀には「辞書持ち込み可」で話題になっていたものが、二一世紀には「パソコン持ち込み可」「すべての無線端末持ち込み可」が常識になっていくだろう。

ところがどんなに情報技術が進化しても、情報を知恵に昇華させていく過程は、人間にしかできない。

そもそもコンピュータというものは、人が人の脳を模倣して作ったものだから。

51

100 words

自分の専門分野で「わかりません」と
言うのは最大の恥だと考えているキミへ。

「わかりません」と言えることが、
すべてのスタート。

情報は人望のある人のもとに集まる。

人望のある人は「わかりません」「教えていただけますか」と素直に口に出せるという特徴がある。

知ったかぶりをしないということだ。

知ったかぶりをする人のもとには、情報が集まらない。

なぜなら、その人に情報を伝えたところで、ありがたみを感じてもらえないからだ。

人間は教わる側よりも教える側に回りたい生き物だ。

人生はゴルフ場と同じだ。教えたがり屋さんにうまい人は一人もいない。

プライドが邪魔して言えないこと、できないことをやってみると
嘘のように成功する。

52

100 words

「いろんなことを知っているんだね」と
言われるのが至福の瞬間だというキミへ。

〝自称〟情報通に、情報通はいない。

恐ろしいことに、自分は情報通であると思い込んでいる人が少なくない。特に知的産業や情報産業と呼ばれる業界で働いている若者たちに、その傾向は強い。

二〇世紀は、歩く百科事典というのがそれなりに価値はあった。ところが二一世紀になると、今度は百科事典そのものが歩き始めてしまったのだ。

どんなに情報量に自信のある人でも、グーグルより情報量がある人は地球上にいない。

情報通のスタートは、自分が無知であることを知ることだ。

情報通と言われることを恥と考えよう。知恵通と言われることを誇りにしよう。

53

100 words

「情報を制する者が世の中を制する」と
信じて疑わないキミへ。

〝自称〟情報通は、人に使われておしまい。

自分が情報通だと勘違いしている人の特徴として、安月給で人にこき使われているという事実がある。

本人はお金や地位を与えてもらうよりも、周囲から「何でもよく知っていますね」という言葉のシャワーを浴びることが、人生における至福の瞬間なのだ。

認めてもらいたい寂しがり屋なのだ。

使う側にとって、これほどお手軽に安くすませることができる便利屋さんはいない。

ところが、遂にこうした情報の便利屋さんもグーグルに淘汰される時代に突入した。

人の上に立ちたかったら、情報を集める存在ではなく情報が集まる存在になろう。

54

100 words

情報収集というのはインターネットの検索能力が
決め手であると信じるキミへ。

情報は、「情に報いる」と書く。

「情報」という字をよく見てみると、「情に報いる」と書くことがわかる。

学問的にはこの場合順序が逆になって「報情」になるが、ここでは別の解釈を味わいたい。

もともとは戦争で最前線にいる戦士たちに向けて指揮官は何を伝えるのがベストなのか、をとことん考えたのが「情報」の始まりだという。

つまり命がけで戦っている戦士たちにとって、何が一番助かる方法なのかを配慮しなくてはならないという意味だ。

まさに情（なさけ）に報いたのだ。


愛情の「情」と情報の「情」は同じ。愛が入っていない情報は情報ではない。

55

100 words

たくさん情報を持っている割には
「ガセネタ」が多いとバカにされているキミへ。

誰が発信したのかを、必ず確認しておく。

情報は情報そのもの以上に、それを誰が発したのかを知っておくことが大切である。

これは伝言ゲームを思い出せばわかる。

ごく単純な情報でさえも、間に五人も人を通せば怪しくなり、一〇人も通せば思わず吹き出してしまいそうになる、無残な別の情報に変わり果てている。

これは、ビジネスなど私情がおおいに絡む場合となると尚更だ。

その情報の発信元をきちんと確認する癖をつけることによって〝外れ〟を掴まされる可能性は低くなる。


情報それ自体より、情報の発信者は誰かを知るほうが信憑性の指標になる。

56

100 words

情報収集に時間がかかって

いつも肝心な締め切りに提案が間に合わないキミへ。

一つの情報は、三ケ所から集める。

限られた時間しか与えられていないにもかかわらず、仕事でそれなりのアウトプットを求められた際の対応策がある。

一つの情報を集める際には、別の三ヶ所から集める癖をつけておくことだ。

たとえば社内の詳しいメンバーに一人、取引先に一人、親しい専門家に一人といったように。

時間が無限にあれば、永遠に納得いくまで真実を追求し続ければいいが、それは非現実的だ。

真実の近似値をいかに期限内にアウトプットするのかが仕事だ。

自分なりに情報収集の方程式を持っておくと、情報に振り回されずに済む。

57

100 words

情報収集には菓子折りの１つでも持参していけば
十分だと思っているキミへ。

短時間で本物の情報を得るには、やっぱりお金が必要。

真の情報をゲットしようと思ったら、当然それに見合ったお金が必要だ。情報提供する側にとって、その情報をゲットするためには、それなりのリスクとプロフェッショナルとしての経験という代償を払っている。日本人特有の「菓子折り一つ」でゲットできるような情報は、グーグルで検索できる情報より価値が低いと断言できる。

世の中には、お金でも手に入らない情報というのがある。究極の情報は、それに匹敵する情報でお返しするしかない。

本物の情報は決してタダでは手に入らないことくらいは知っておく。

58

100 words

どんな情報通もどうせグーグルには敵いっこない
と主張するキミへ。

情報を知識に、
知識を知恵に昇華させるのが、
人間の仕事。

誰もが手軽に検索できる情報、それ自体の価値は限りなくゼロに近づいているのはわかった。

ところが、これからどんなにスーパーコンピュータが発達しても、これだけは人間に敵わないだろうものがある。

それは知恵を生み出す力だ。

「情報＋情報＝知識」「知識×知識＝知恵」だとする。

コンピュータの限界は、情報と情報を足し算した知識までだ。

知識と知識を乗じて昇華させる、知恵を生み出すという営みは、コンピュータには模倣できない。


知恵を自ら生み出せる人間になったら、生涯困ることはなくなる。

59

100 words

情報を抱えきれなくなって
いつもパニックに陥ってしまうキミへ。

情報で大切なのは、
集めることより捨てること。

情報が溢れ返る情報社会を生き抜く上で大切なことは、いかにして情報を集めるか、ではない。

いかにして溢れ返ったゴミ情報を捨てていくか、が大切だ。

組織で昇進していくにつれて、部下から多くの情報が集まってくるようになる。

これらすべての情報から有用な情報を見抜くためには、圧倒的多数のゴミ情報を根こそぎ捨てる決断が必要だ。

中には捨ててしまって後悔する情報もある。

しかし、ゴミ情報に埋もれて窒息死するよりはずっとマシだ。

自然界が真空を嫌うのと同様、情報空間も真空を嫌う。不要な情報を捨てることによって、必要な情報が流れ込んでくる。

60

100 words

冴えないのにいつも決定打になる情報を
持っている同僚に嫉妬してしまうキミへ。

最後の決め手は、いつも一次情報。

現実のビジネスにおいては、どんなに情報をかき集めても納得できないことがある。

もうやることはすべてやったのに、結論が出せないという状態だ。

そんなとき、いつも盲点になっていることが一つある。

自分で一次情報を掴むために、現場に足を運ぶことだ。

ベテランになって仕事に慣れれば慣れるほどに、新入社員の頃は当たり前だったはずの初歩をすっかり忘れてしまうのだ。

すべての情報は、一次情報に始まり一次情報に終わるのだ。


情報にも原点回帰が必要。情報の原点回帰は常に一次情報のこと。

交涉

CHAPTER 07

交渉

NEGOTIATE

061-070

100 words

本当の交渉に勝ち負けはない。

交渉で勝ち負けが生まれたら、最終的には必ずどちらも負けになると相場は決まっている。勝った場合にも、本来使う必要のなかった余計なエネルギーを消耗しなければならないし、相手からも憎しみを買う。

負けた場合にも、戦ったエネルギーの消耗と自分の意思が通らなかった屈辱が残る。

自分の意思を通すのと同じくらいに、相手の意思を尊重しなければならない。

自分の勝ち負けにこだわるよりは、いかにして相手に勝者と思わせることができるかにこだわることだ。**自分の勝ち負けだけにエネルギーを費やすよりも、相手に勝者と思わせるためにエネルギーを費やしたほうがはるかに疲れない。**

ほとんどの人が、これと逆のことをやっている。

自分だけが勝者の気分に浸ることにこだわり、いかにして相手に敗北者としての屈辱を味わってもらうか。

これだと、とても疲れる。

そして永遠に終わりのない戦いが繰り広げられる。

戦争を見れば明白である。

61

100 words

交渉事でいつもがんばって話しているのに
うまくいかないで悩んでいるキミへ。

話した量が少ないほうが、最後に勝つ。

世の中のデジタル化が進めば進むほど、最終決定打でアナログの人間対人間の交渉力が際立つようになってくる。

すべてを手軽にインターネット上で処理できれば理想だが、人間そのものがアナログである以上、アナログ的な過程が必ずどこかに入り込んでくる。

その際に憶えておきたいのは、**交渉というのは話した量が少ないほうが最後に勝つということだ。**

まくし立ててくるような相手はまさにカモだ。

あなたは結論だけ囁《ささや》けばいい。


交渉はオセロのようなもの。始めから饒舌《じょうぜつ》にまくし立てる人間は、最後に必ず矛盾を指摘されてひっくり返される。

62

100 words

交渉は真剣勝負だからといって
終わった後にはヘトヘトになってしまうキミへ。

打ち負かすのではなく、包み込む。

相手を打ち負かすと、最初win-lose（勝ち－負け）だった関係はいずれ必ずlose-lose（負け－負け）という結末になる。

これは負けたほうが恨みを持ち続けるということと、自分が勝つ際に相手が失ったのと同程度のダメージを受けるからだ。

世界中で行われている戦争を見れば一目瞭然だ。

交渉では勝つのではなくて、相手を包み込んでしまうことだ。

相手と自分の目指している方向性に一致する部分はないか、それを発掘して提案した側が主導権を握る。

勝ち負けは長期的には必ず両者負けになる。両方とも勝てる方法がきっと見つかる。

63

100 words

「どうしてもわかってもらえない」が
口癖になってしまっているキミへ。

「意見は違って当たり前」と、知っておく。

「どこまでもわかりあえない」と、あなたは悩む。

ここで大切なことは、人間というのはもともとわかりあえなくて当然だということだ。

それぞれ生まれ育った環境が違って、それぞれが出逢った人たちも違う。だから世界中で無数の宗教が存在するように、一人ひとりの価値観は違って当たり前なのだ。

ビジネスの交渉も「意見は違って当たり前」という前提で進めていくことだ。

ねじ伏せようとすると、それこそ戦争になってしまう。


最初から満場一致になるほど危険な交渉はない。満場一致はもう一度やり直し。

64

100 words

たくさん話した割には結局何も伝わらなかったと
落ち込んでいるキミへ。

「これだけは伝えたいこと」を、一つだけ手帳に明記しておく。

交渉になると腰が引けてしまう、という気の弱い人がいる。

でも交渉は、気の弱い人のほうが有利に進むことも多いのもまた事実である。

相手が理路整然と弁舌さわやかに諭してきたり、溢れんばかりの知識を披露してきたりしたとしよう。

恐れることはない。

一．じっと黙って相手の話を聴くこと。

二．わからないことがあれば堂々と質問すること。

そして、あらかじめこれだけは伝えたいと手帳に書き留めておいた、あなたの主張を一つだけ囁けばいい。


たくさん伝えようとしてたくさん話すと、結局何一つ伝わらない。

65

100 words

いつも言いくるめられて納得がいかないままに
動かされているキミへ。

抽象的ではなく、
具体的に攻める。

学校秀才タイプに多く見られるインテリは、抽象論で攻めてくる。
抽象論は、いつも正論で反論の余地がないからだ。
正論は学生が口にしても、サラリーマンが口にしても、社長が口にしても正しい。
それがゆえに退屈極まりない。
そんなインテリ連中に、一発お見舞いしてやる方法がある。
抽象論で攻めてきたら具体的に質問してやることだ。
具体的とは「数値」と「固有名詞」のことだ。
具体的に突っ込んだ質問をすると、相手はしどろもどろになる。

机上の空論が大好きな理論派エリートが一番嫌うのは超具体論。

66

100 words

交渉術を学ぼうと本を読んだりセミナーに
通ったりしたけど効果がないキミへ。

理屈っぽい上司で、普段から鍛えられておく。

交渉力を一番鍛えることができるのは、社内に必ず一人はいる理屈っぽい上司を相手にコミュニケーションを取ってみることである。

本当にこの人は頭が石でできているのではないかと疑いたくなるような、そんな上司がいれば最高だ。

頑固で理詰めの上司を説得することができれば、顧客の説得などいともたやすくなることは間違いない。

普段嫌われているような上司こそ、あなたの最初の顧客であると考えると、とてつもなく多くを吸収することができる。

石頭の気難しい頑固者が上司だったら、とてもラッキーだ。無料特訓を受けているようなもの。

67

100 words

知識量や準備の量では勝っているのに
いつも最後に逆転されてしまうキミへ。

解説者ではなく、質問者になる。

テレビで、大学教授や著名アナリストが出演している番組を思い出して欲しい。

専門知識が多いのはもちろん専門家に決まっている。

ところが、専門知識が多いことと交渉力があることは必ずしも比例しない。

解説する側と質問する側とでは、質問する側のほうがなぜか主導権を握ることが多い。

これを活用しない手はない。

今から勉強して解説者になるよりは、質問者に徹して貪欲に知識を吸収したほうが、交渉力が向上して頭もよくなる。


その人の話す量と交渉中のポジションはそのまま反比例する。

68

100 words

興奮するといつも声が大きくなってしまうことが
悩みの種だというキミへ。

大声で話さず、
やや小さめの声で話す。

怒鳴ったほうが負けているのは、大人の喧嘩の絶対法則である。

怒鳴っている人は怖がっている人である。

怖くてしかたがないから、怯えた犬が吠えるように声を大きくするしか他に方法がないわけだ。

極めて動物的な本能に近い表現方法だといえる。

交渉も声を大きくして有利になることなど一つもない。

自ら器の小ささを露呈するだけである。

騒がしい会場を静めるために、三流の司会は声を大きくする。

一流の司会は、小さな声で囁《ささや》く。


騒がしい会場を司会者が一瞬で静まり返らせる方法がある。静かに話すことだ。

69

100 words

交渉中の沈黙に耐えられずいつも余計なことを
口走って揚げ足を取られるキミへ。

沈黙は、相手に破らせる。

交渉中に何度か沈黙になる瞬間が訪れる。

このとき交渉に弱い人は、必ず自ら沈黙を破ってしまう。

沈黙に耐えられないからである。

あなたの交渉がいつも不利になってしまうのは、耐えられない沈黙を破るために発した余計なひと言なのだ。

せっかく顧客が買おうか買うまいか迷っているのに、あなたが「ちょっと高いですか?」「少し勉強させてもらいますよ」などと言ってしまえば相手の思う壺《つぼ》だ。

黙っているだけで交渉に勝てるのだから。


コミュニケーションを語る際に、沈黙の威力が忘れられることが多いのは残念だ。

交渉事といえばつい売り言葉に買い
言葉を連想してしまうキミへ。

痛いことを言われたときこそ、「なるほど」。

交渉中に辛口の顧客が、こちらの痛いところを衝いてくることがある。敵ながらあっぱれとしかいいようがないくらい、もっともなことだったりする。

そんなときうっかりすると感情的になってしまい、どうにかして相手に応戦しようと構えてしまう。

相手もそれを百も承知で痛いところを衝いているのだ。

そんな相手にはこちらも意表を突いてあげよう。

力強くニッコリ笑って、「なるほど」と素直に認めるのだ。無駄な泥仕合だけは避けられる。

窮地に陥った際のとっさの一言をあらかじめ決めておくだけで、落ち着くことができる。

友

CHAPTER
08
友情
FRIENDSHIP

071-080

100 words

情

人生において友情を育むことは、最重要事項のことであるかのように思い込まされている。

友だちに嫌われないように、気を遣ってクタクタになっている人もいる。

友だちでもない人に嫌われないように、気を遣ってクタクタになっている人もいる。

「好き」の反対が「嫌い」ではない。

「好き」の反対が「嫌い」ならば、「嫌われないようにする」ことが「好かれる」ことだ。

現実的にそんなことはないのは、大人であれば誰もが知っている。

それどころか現実社会においては、嫌われないようにがんばろうとしても、ますます嫌われてしまうこともある。

皮肉だが、これが現実だ。

そもそも友だちを作ろうと意気込んで作った友だちは、親友にはなりえない。

友だちというのは、作るものではなくて、できてしまうものだ。

友だちというのは計画的に作るのではなく、のびのびと人生を謳歌している途中経過で、うっかり作ってしまうものだ。

「できちゃった友だち」こそ、真の友だちだ。

71

100 words

自分には心から信頼できる友人が少ないと
いつも寂しい思いをしているキミへ。

親友は、生涯で一人いれば御の字。

二〇代はとにかく群がるのが好きだ。

暇さえあれば、いつも群がっている。

学生の延長線上でこうなってしまったのと、物心ついた頃から「友だちは大切にしなさい」と先生や両親に言い聞かせてこられたからであろう。

だから「友だち作らなきゃ教」から抜け出せずに、つい無駄な時間をだらだらと過ごしてしまう。

人は、生涯に親友が一人いればいい。

心の友が一人いれば、誰に嫌われても怖くはない。

人が成長するのは、唯一孤独の時間だけだ。


たった一人の親友に出逢うために、一万人と出逢っておく。

72

100 words

大人になってから友情の育み方が
わからなくなってしまったキミへ。

友情は目的ではなく、
結果に過ぎない。

人脈を増やす方法や友だちを増やす方法を、学びたがる人は多い。

成功するためには人脈が必須であると、セミナーの講師からも教わった。

でも実際の成功者たちをきちんと観察して直接インタビューしてみると、ある事実に気づかされるのだ。

それはもともと人脈があったから成功したわけではなくて、一人でがんばっていた過程で人脈ができて応援してもらい、その結果として成功したということだ。

本当は、ちょっと順番が違っていたのだ。


信念を持って一〇年突っ走り続けてから振り返ると、何人かの友人が後ろについてきている。

73

100 words

仕事もプライベートもいつも新規開拓で
忙しくしているキミへ。

「ごめんね」の回数と、その人の人望は比例する。

「人生」の章でも述べたが、「ごめんね」の回数は人望にも比例する。

ビジネス交流会や人脈づくりパーティの参加でいつも忙しい人の共通点は、人望がないということだ。

どうして目の前の人を大切にしないのだろう。

目の前の人を大切にする以上に忙しくする意味があるのだろうか。

年がら年中、人脈づくりで忙しい人がなぜ忙しいのか。

すぐに人脈が切れてしまうからだ。

人脈は「ごめんね」のひとことが言えなくて、切れていくのだ。


「ごめんね」を伝えることができれば、世界中どこへ行っても生きていくことができる。

74

100 words

「昔はよかった」とつい過去の思い出に
現実逃避しがちなキミへ。

旧友から突然の電話があれば、
それは借金の話だ。

社会人になってしばらくすると、忘れた頃に旧友から電話がかかってくることがある。

予想しなかった久しぶりの電話なので、憶えていてくれたのかと喜んでいると、たいていはお金の話だったりする。

しかも長い昔話に花が咲いた後、ようやく切り出されるのがお決まりのパターンである。

仮に「三〇万円だけ貸して欲しい」と言われたとする。

旧友は最低でもその数倍の借金で苦しんでいる。

友だちのままでいたいのなら断ってあげることだ。


お金の話が出た時点で、相手にとってあなたは友人ではないと割り切られている。

75

100 words

自分の葬式に何人参列してくれるかが
自分の価値だとビクビクしているキミへ。

友だちの数を
増やすのをやめると、
嘘のように人生が楽になる。

人脈も友だちも量を追求するのをやめて、質を追求していくようにすると、今までが嘘のように人生が楽になって夢が叶う。

五人の愛人すべてを満足させるためには、途方もないお金と時間というエネルギーを必要とするが、たった一人の本命だけをとことん愛するのなら誰にでもできる。

五人の愛人を持つのは五倍のエネルギーを必要とするのではない。

「お金五倍」×「時間五倍」で最低でも二五倍のエネルギーを要する。

一人に二五倍のエネルギーを注いだほうがいい。


量ではなく質が大切、というのはまさに友人関係にこそ当てはまることだ。

76

100 words

この世で最も難しいことは
隣人の成功に拍手することだと思っているキミへ。

友だちの幸せに拍手できる人が、
次の成功者。

遠いスーパースターに拍手をすることは、誰にでもできる。

ところが隣人の成功に拍手をすることは、途端に難易度が高くなる。

人間は、身近で自分と同レベルだと思っていた隣人が成功してしまうほどの屈辱はないのだ。

だからたいていの人は、隣人の足を引っ張ることで人生を終えていく。

こうならない方法はたった一つしかない。

自分がまもなく成功する存在になることである。

次の成功者になる準備をしている人は、隣人の成功に心から拍手ができる。


最初はやせ我慢でもいい。友人が先に成功したら高い位置で大きく拍手してあげよう。

77

100 words

寂しいからといっていつも仲良し３人組で
つるんでお茶を濁しているキミへ。

お互いに孤独でなければ、友情は育めない。

将来の親友になる人物とは、お互い名もなく貧しい頃にすでに出逢っている。

ただしそこには条件がある。

名もなく貧しい頃に、お互いが決して群がっていないということだ。

群がっているとチャンスを逃してしまう。

チャンスというのは、お互いが独りぼっちでなければ掴むことができないからだ。

一方が独りで、もう一方が群がっていてもダメなのだ。

群がっている限り、永遠に真の出逢いはやってこない。

つるんでいる数の二乗に与えられるチャンスは反比例する。

とことん自分と向き合った者同士の出逢いしか、真の出逢いはできない。

78

100 words

自分の陰口を言うような人は
人生で最も憎むべきだと思い込んでいるキミへ。

あなたの陰口を言っている人は、
友だちになりたがっている人。

「○○さんがあなたの陰口を言っていたわよ」と誰かに報告を受けたとしよう。

たいていの人は、怒り心頭に発するか落ち込むかのいずれかだ。

間違っても陰口を言っている本人と友だちになりたいとは思わない。

ところが、である。

陰口を言っている相手は、実はあなたと友だちになりたがっているのだ。

試しに陰口の情報を運んでくれた「運び屋」に、陰口を言っている相手のことを褒めちぎってやればいい。

相手からすり寄ってくる。


自分の陰口が言われているという噂を耳にしたら、飛び上がって喜んでいい。

79

100 words

カッコよくなりたいのにいつも友だち３人組で
行動しているキミへ。

マナー違反するのは、
いつも仲良し三人組。

自分の魅力をどんどん下げていきながら、三〇代以降で貧しくなっていきたいのであれば、その最短コースを教えよう。

いつでもどこでも仲良し三人組で生きていくことだ。

人は自分のことは棚に上げてしまって見えなくなるが、他人のことならよくわかる。

カフェで仲良し三人組を見かけたら、一度よく観察してみたらいい。

大声でその場にはいない誰かの噂話で盛り上がって長話をし、帰りには歩道いっぱいに拡がって迷惑をかけているはずだ。


洗練された仲良し三人組というのはこの世に存在しない。

80

100 words

みんなでランチをしないと仲間外れにされそうで
ビクついているキミへ。

プライベートで
親友がいない人は、
一人ランチが怖い。

男女問わず一人ランチできる人は、例外なくかっこいい。

社会人になって一人ランチができない人というのは、例外なく仕事ができないグループだ。

上司や同僚の誘いをすべて断って、いつも例外なく一人でランチをしなくてはならないといっているのではない。

いつも誰かを誘って一緒でなければ生きていけないのではなく、いつでも一人でランチができるようになるのが大人だといっているのだ。

親友がいない人ほど一人ランチが怖い。

一人ランチがカッコよくできるようになって、はじめて大人の仲間入り。

恋

CHAPTER 09

恋愛

LOVE

081-090

100 words

愛

「この人を好きになってはいけない」とがんばり始めたら、それが恋のはじまり。
「この人を好きにならないといけない」とがんばり始めたら、それが恋の終わり。

人を好きになるということは、がんばることではない。

五一個好きなところがあって、嫌なところは四九個しかないから、五一：四九で好きの勝ちといって恋に落ちるということはない。

好きなところが一個しかなくて、嫌なところが九九個あるにもかかわらず、嫌いになれなくて落ちてしまうのが恋である。

カップルで喧嘩が絶えなくて文句を言い合っているうちは、まだいい。

お互いに期待しているからこそ、文句を言い合っている証拠なのだから。

お互いに興味があるからこそ、文句を言い合っている証拠なのだから。

お互いに無関心になってしまうと、喧嘩すらできなくなってしまう。

これが本当の恋の終わりなのだ。

恋のはじまりは、いつだって終わってからしかわからない。

はじまりは、いつも最初に出逢った日だ。

81

100 words

大切な相手にいつもイライラしてしまう理由が
自分ではわからないキミへ。

相手に腹が立つのは、あなたが相手に依存しているから。

恋人に腹が立つのはなぜだろう。

あんなに好きで付き合い始めたのに、どうしてこんなに腹が立つのだろう。

腹が立つということ、口喧嘩が絶えないということは、あなたが相手に過剰に依存しているからに他ならない。

会社で上司に腹を立てたり、組織の体制に腹を立てるのは、上司や組織に過剰に依存しているからだ。

人は他者に依存して、もたれかかった途端に傲慢になって腹を立て始める。

出逢ったときの感謝を、思い出してみよう。

腹が立ってしかたがないと思っている間は、愛情がまだある証拠
だから大丈夫。

82

100 words

このまま一生モテないままで
人生を終えるのではないかと悩んでいるキミへ。

本気でモテたいなら、群れない。

モテるために、自分の魅力をアップさせようと思ったら簡単だ。

意識して単独行動を取るようにすることだ。

単独行動を取るようにすると、自分の実力がとてもよくわかる。

サラリーマンが組織で動いていると、会社の看板を自分の実力と勘違いするように、いつも群がっているとそのグループ全体がまるで自分の力のように思えて、何でもできるかのように錯覚する。

暴走族がこの典型だ。群がるとその他大勢の羊の一匹として数えられるだけだ。


自分を最大限魅力的に見せるためには、いつも単独行動すること。

83

100 words

カレ（カノジョ）のことが尊敬できないから
ウンザリすると愚痴っているキミへ。

相手を尊敬できないのは、
自分を尊敬していないから。

「どうしても今のカレが尊敬できない」「会社に尊敬できる異性が一人もいない」という人がいる。

こうした人は、どこへ行っても永遠にまったく同じ愚痴を言い続ける。

なぜなら、原因が他人にあるのではなくて自分にあることに気づいていないからだ。

相手を尊敬できない原因は、相手にあるのではない。

自分が自分を尊敬できていないから、相手のよい部分に目を向けることができないのだ。

自分を尊敬できるようになれば、相手を尊敬できる。


すべての人間関係の原点は、自分自身との関係の投影に過ぎない。

84

100 words

このままいくと負け犬人生まっしぐらだと
ビクついているキミへ。

お金のために結婚すると、
お金が原因で離婚する。

不思議なものだ。

三〇歳になるまでには「負け犬」にならぬよう結婚をしてしまおうと、急いで結婚すると後からゆっくり後悔することになるからだ。

結婚はとても簡単だが、離婚はその数倍の労力が必要になる。

急いで結婚した人たちはみんな口には出さずとも、独身貴族をとても羨ましく思うものだ。

子どもが欲しいために結婚したら子どもが原因で、お金が欲しいために結婚したらお金が原因で離婚することになる。

結婚は妥協するな。


〇〇さえあれば幸せになれると思っていると、〇〇が手に入っても幸せになれない。

85

100 words

「白馬に乗った王子様が現れないかしら」

とこっそり憧れているキミへ。

二番目に好きな人と、
エッチしない。

人生で大切なことを一つだけに絞れと言われたら、「二番目に好きな人とはエッチしないことだ」と答える。

世界で二番目に好きな人と、ローマの休日コースを高級ホテルに連泊しながらファーストクラスで旅するよりも、世界で一番好きな人と自転車に乗って近所の夜景を観に行くほうが一億倍幸せだ。

心の底の第一志望に嘘をついて、第二志望から第一〇〇志望をあっちへふらふら、こっちへふらふら浮気してごまかしても単に虚しいだけだ。

人生すべてにおいて第一志望のことのみをやっていれば、時間はいくらでも生み出せる。

86

100 words

最低限の条件が整わないと人を好きになることは
できないと思っているキミへ。

「……だから好き」は、
愛していない。

結婚相手の条件として「年齢」「学歴」「年収」「勤務先」「身長」「家柄」……と気の遠くなるような条件を打ち込んで検索する人がいる。

「私は最低でもこれらの条件を満たしていない人とはエッチできません」という人がいる。

「……という好条件だから好き」というのでは、あまりにも夢が小さい。

いい学校を出て一流企業に勤務して、高給取りで身長が高い男は世の中にいくらでもいる。

その程度で満足しているのが一番いけない。


本当に人を愛したことがない人ほど、相手に求める条件が厳しい。

87

100 words

大嫌いなはずなのにどうしても気になって
しかたがない相手がいるキミへ。

「……なのに好き」が、
愛している。

人を好きになるということは、こんなに数え切れないほどたくさんの短所があるのにそれでもなお好き、ということだ。

「長所」と「短所」が五一対四九で「長所」の勝ちだから好きになるということはあり得ない。

「短所」が九九あって「長所」がたった一つしか見つけられなくても、それでも狂おしいほどに相手のことを想うのが好きになるということだ。

人を愛するということは、嫌いになろうとがんばっても嫌いになれない状態のことだ。


人はみんなあまのじゃく。ありのままの自分をさらけ出せる人はとても大人か子どものどちらか。

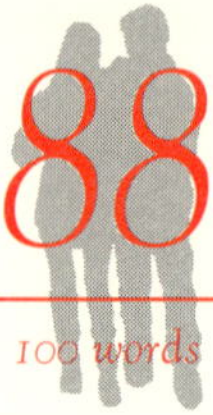

88

100 words

「万一の際」のためにだけはしておかないと、と張り切っているキミへ。

結婚資金を貯めるより、そのお金で自分磨き。

ただでさえ少ない給料を切り詰めて、せっせと結婚資金を貯めている人がいる。

この人がいいパートナーをゲットすることは永遠にできない。

それどころか仮に結婚できたとしても、永遠にせっせと貯金し続けなくてはならない人生で終わる。

結婚資金を貯めるくらいなら、そのお金で自分を磨き込んでおくことだ。

エステやネイルサロンといったお洒落のみならず、習い事をしたりいいパートナーの集まる場に積極的に参加したりすることだ。


貯金は最も効率の悪い投資方法。自分に投資するのが最も効率のいい投資方法。

89

100 words

気がついたら、いつもヒソヒソ話をしている
グループに入っているキミへ。

ヒソヒソ話が趣味の女性は、浮気されている。

面白い事実を公開しよう。

他人の噂が趣味でいつも同性同士群がってヒソヒソと噂話をしているような女性は、仮にパートナーがいたとしても一〇〇％浮気されている。

つまりパートナーにとって、その女性は№1ではないということに他ならない。

ハッキリ言ってまともに異性として見られることのない、いつでも交換可能の補欠の一人に過ぎないのだ。

十分な愛情を注がれて心が満たされている女性たちは、ヒソヒソ話などするはずがない。

本当に幸せな人は、ヒソヒソ話などという人生の無駄遣いは絶対にしない。

90

100 words

女性が男性を口説くなんてはしたないのでは？
と思っているキミへ。

二一世紀は、
女が男をお持ち帰りする時代。

二〇世紀は男性主体の時代だった。

二一世紀は女性主体の時代にシフトしている。二〇世紀は男が女をお持ち帰りする時代だったが、二一世紀は女が男をお持ち帰りする時代なのだ。

当たり前だがいい男にはすでにいい女がいる。

いい男で女がいないことはあり得ない。女がいない男はイケてない男の証拠だ。だからいい男に「どうせ彼女いるんでしょ?」というバカな質問はしないことだ。

いい男はすでに女のいる中から選ばなくてはならない。


人生という競技では、「とりあえず」やっちゃったもの勝ちと相場は決まっている。

CHAPTER

10

決断

DECISION

091-100

100 words

人は何のために生まれてきたのか。

人は決断するために生まれてきたのだ。

すべての人は毎日決断している。

朝食をご飯にするかパンにするかも、立派な決断だ。

いつもの通勤電車よりも一本早くするか否かも、立派な決断だ。

仕事帰りに同僚から、「ちょっと一杯」の誘いに乗るか否かも、立派な決断だ。

会社経営の意思決定でやるかやらないかも、もちろん立派な決断だ。

大切なことは、些細な決断も含めたすべての決断の集大成こそが、その人の人生を決定づけているという事実である。

あなたが歩んできた人生というのは、他でもないあなたが下した決断の集大成だ。人生を変えていくということは、何ら大袈裟なことも派手なパフォーマンスも必要ない。

日常の目の前の決断を、勇気を持って一つずつ変えていくということだ。

地味で退屈に思えるかもしれない。

派手でエキサイティングに見える人生は、地味で退屈な決断の結果なのだ。

一見地味で退屈な決断ほど、勇気が必要だ。

91

100 words

「今どき○○くらいできなくてはならない」と
洗脳されているキミへ。

「英語勉強しなきゃ教」
から脱会すると、
一気に自由が増える。

社会人になってからも、まるで受験勉強の亡霊に脅かされるかのように「英語勉強しなきゃ教」に取り憑かれている人がいる。

「今どき英語くらい話せないと」といって、駅前の英会話教室のＣＭや広告に急かされながら、やりたくもない勉強を自分に課している。

あなたが英語の勉強が心底好きだというのなら、ぜひそのまま続けるべきだ。

もし嫌々やっているのであれば、別の勉強に乗り換えよう。

今までがまるで嘘のように、自由が一気に増える。

ブームに踊らされるのも踊らされないのも、すべて自分が決めていい。

92

100 words

人に意見を聞かれると「どちらでもいい」が
口癖になっているキミへ。

「どちらでもいい」という人は、
生きているとはいえない。

夢を実現させていきたいのであれば、あなたの人生から「どちらでもいい」という口癖を取り除くことだ。

人間には二通りしか存在しない。

「別にどちらでもいい」と言いながら、死ぬまで決断することから逃げ続ける人間と、すべてにおいて自分で必ず結論を出していきながら、毎日確実に夢に接近していく人間だ。

前者の人生を生きてきた人は、死に際に必ず後悔することになる。

「一度くらい自分の人生を歩んでみたかった」と遺言を残す。

人生から「どちらでもいい」をなくしていくことが大人になるということだ。

93

100 words

決断になるといつも緊張で
ブルブル体が震えてしまうキミへ。

力んで決断せず、淡々と決断する。

決断をそんなに力んでしないことだ。

決断というのは別に特別のことではない。

朝起きて顔を洗ったり、歯を磨いたりするのと何ら変わりはない。

決断のコツは、力まず淡々とすることである。

淡々と決断する人は、一日に一〇〇個の決断を軽くこなしていく。

力んで決断する人は、一日に一個の決断をすることもできない。

夢の実現は決断の数に比例する。

肩の力を抜いて決断した人は、ますます決断することに拍車がかかって夢を実現させていく。


力むのは弱いから。本当に強い人はいつも淡々と生きている。

94

100 words

迷ったらあちこち相談して結局いつも
自分で決められないキミへ。

迷ったら、相談する一人をあらかじめ決めておく。

どうしても決断に迷ったら、あらかじめ決めておいた一人にだけ相談してもいい。

ここで注意しなければならないことがある。

不安だからといって、二人以上に相談しないことだ。

二人以上に相談すると、必ず三人以上に相談することになって決断できなくなるからだ。

二人以上に相談するのは、単に決断から逃げているだけ。

相談する前に、必ず自分で決断しておくこと。

相手の回答によって、その決断が揺らぐくらいなら、やらないほうがいいだろう。

相談に対する回答はどうでもいい。大切なのは何を言われても決断が揺るがないことだ。

95

100 words

慎重を期すあまりいつも決断を下すのに
時間オーバーが当然になっているキミへ。

遅い決断は、どんなに正しくても すべて不正解。

決断には正しい決断と誤った決断があるわけではない。

〝スピーディーな決断〟と〝スローな決断〟があるだけだ。

スピーディーな決断をした場合は、仮に選択を誤ったことに気づいても、軌道修正する時間がある。

ところがスローな決断をした場合は、途中で選択を誤ったことに気づいても、軌道修正する時間が残されていない。

おまけに遅い決断というのは、どんなに正しくても締め切りに間に合わなくなってしまう。


遅い決断は決断したことにならない。すべての決断は猛烈なスピードを伴う。

96

100 words

小さな頃から両親に「よく考えてから決めなさい」と
言われ続けて育てられたキミへ。

決断に時間を
かければかけるほど、
「やっぱりやめとくか」になる。

決断の特性として忘れてはならないことがある。

それは決断に時間をかければかけるほど、結果は「やっぱりやめとくか」になると決まっているということだ。

人間は迷う時間が長ければ長いほど、最終的に現状維持を選ぶようにできている。

だから決断に時間をかける人というのは、何年経っても何十年経っても進化することはない。

一〇年ぶりに会ってみると、頭の中や生活水準はまったく変わっておらず、単に老け込んでいるだけだ。


「ちょっと調整してみてから」と言われたら、その人は決断できない人と考えていい。

97

100 words

1年経ったけど自分は何も進化していないことに
愕然としているキミへ。

「検討しときます」「ペンディング」が口癖の人には、近づかない。

あなたが次々に決断して夢を実現させていく人間になりたいのであれば、周囲に「検討しておきます」「ペンディング」が口癖の人がいたら、絶対に近づかないことだ。

できればそういった口癖を耳で聴くことも避けたほうがいい。

言葉というのはそれを発した本人だけではなく、周囲の聴いた人にまで影響を与えてしまう恐るべき効果がある。

夢を実現させていきたいのであれば、決断の速い人たちの傍で生きていくと、決断することである。

成功者たちの辞書には、「検討中」「ペンディング」は存在しない。

98

100 words

チャンスを掴める可能性を10倍アップさせる
方法を知りたいキミへ。

まずは挙手。
考えるのはそれから。

決断の場は社内にいくらでも転がっている。

会議や研修など格好のトレーニングの場だ。

会議や研修では質疑応答の場が与えられることが多い。

このとき決断の速い人は挙手のスピードも速い。

「どなたか質問がある人はいらっしゃいますか?」「これについて何か質問はありますか?」と聞かれたら、最後の「か?」にかぶって挙手する。

常に質問を考えながら話を聴いている証拠だし、仮に考えていない場合でも挙手しながら考えればいい。


挙手しながら質問を考えても時間は十分にある。何ごとも二秒で考える癖をつけよう。

99

100 words

いつも決断から逃げ回ってきたけど、
そんな自分に別れを告げたいキミへ。

一度逃げた決断からは、死ぬまで追われ続ける。

もし決断から逃れたらどうなるのだろう。

嫌なことから無事に逃げることができたから、それでラッキーなのだろうか。

違う。

一度決断から逃げると、必ず時差を経て別の形で同様の決断に迫られることになる。

不思議だがこれには例外がない。

あなたが大嫌いな顧客のクレームから、その場は何とか逃れたとしよう。その後忘れた頃にまったく思いもよらなかった別の顧客から、以前のクレームに輪をかけた大クレームがあなたに降りかかってくる。


どうせいつかは決断しなければならないのなら、今決断してしまおう。

100

100 words

迷ったときにはいつも両親や学校の先生の顔が
思い浮かぶキミへ。

自分で決めたもの以外は、決断ではない。

誰に相談してもいい。

何人に相談してもいい。

でも、決して忘れてはならないことがある。

それは、最終的に決断するのは自分以外誰でもないということだ。

自分で決断したもの以外は、一切決断とは呼ばない。

もし決断に失敗して人生を棒に振ったとしよう。

それは一〇〇%自分の責任であって、他の誰のせいでもない。

しかし、だからこそ決断は楽しい。

仮に人生を棒に振ったように見えたとしても、決断しない人生なんて死んでいるのと同じだから。


「たくさんバカなことやってきたな」と死に際に笑える人生が、極上の人生。

【著者紹介】

千田　琢哉（せんだ・たくや）

◉——次代創造館、代表　イノベーション・クリエイター。

◉——愛知県犬山市生まれ、岐阜県各務原市育ち。

◉——東北大学教育学部教育学科卒。日系保険会社本部、大手経営コンサルティング会社勤務を経て独立。コンサルティング会社では、多くの業種業界における大型プロジェクトのリーダーとして戦略策定からその実行支援に至るまで陣頭指揮を執る。のべ3,300人のエグゼクティブと10,000人を超えるビジネスパーソンたちとの対話、コンサルティング業界という人材の流動性が極めて高く、短期間で成果を求められる環境に自ら身を置くことによって得た事実とそこで培った知恵を活かし、執筆・講演・ビジネスコンサルティング等の活動を行っている。また、多数の上場企業、商工会議所、TSUTAYAビジネスカレッジ等の研修講師、複数の組織で社外顧問を務めている。

◉——近著に『20代で伸びる人、沈む人』『伸びる30代は、20代の頃より叱られる』（きこ書房）、『学校で教わらなかった［20代の辞書］』（ぱる出版）、『転職１年目の仕事術』（ディスカヴァー・トゥエンティワン）、『断れる20代になりなさい！』（すばる舎）、『顧客が倍増する魔法のハガキ術』（技術評論社）等がある。また、週刊ダイヤモンド、月刊人事マネジメント、週刊SPA！等にインタビュー取材を受ける。現在、南青山在住。

死《し》ぬまで仕事《しごと》に困《こま》らないために
20代《にじゅうだい》で出逢《であ》っておきたい100の言葉《ことば》　〈検印廃止〉

2011年４月８日　第１刷発行
2011年６月23日　第９刷発行

著　者——千田　琢哉©
発行者——斉藤　龍男
発行所——株式会社かんき出版
東京都千代田区麹町4-1-4西脇ビル　〒102-0083
電話　営業部：03(3262)8011㈹
編集部：03(3262)8012㈹
FAX　03(3234)4421　振替　00100-2-62304
http://www.kankidirect.com/

印刷所——ベクトル印刷株式会社

乱丁・落丁本は小社にてお取り替えいたします。

ISBN978-4-7612-6734-6 C0030